Bibliografische Information der Deutschen Nationalbibliothek:

Die Deutsche Bibliothek verzeichnet diese Publikation in der Deutschen National-
bibliografie; detaillierte bibliografische Daten sind im Internet über http://dnb.d-
nb.de/ abrufbar.

Dieses Werk sowie alle darin enthaltenen einzelnen Beiträge und Abbildungen
sind urheberrechtlich geschützt. Jede Verwertung, die nicht ausdrücklich vom
Urheberrechtsschutz zugelassen ist, bedarf der vorherigen Zustimmung des Verla-
ges. Das gilt insbesondere für Vervielfältigungen, Bearbeitungen, Übersetzungen,
Mikroverfilmungen, Auswertungen durch Datenbanken und für die Einspeicherung
und Verarbeitung in elektronische Systeme. Alle Rechte, auch die des auszugsweisen
Nachdrucks, der fotomechanischen Wiedergabe (einschließlich Mikrokopie) sowie
der Auswertung durch Datenbanken oder ähnliche Einrichtungen, vorbehalten.

Impressum:

Copyright © 2010 GRIN Verlag, Open Publishing GmbH
Druck und Bindung: Books on Demand GmbH, Norderstedt Germany
ISBN: 9783640596041

Dieses Buch bei GRIN:

http://www.grin.com/de/e-book/149162/tyrannei-der-mehrheit

Sebastian Ketting

"Tyrannei der Mehrheit"

Tocqueville und Rousseau im Streit

GRIN Verlag

GRIN - Your knowledge has value

Der GRIN Verlag publiziert seit 1998 wissenschaftliche Arbeiten von Studenten, Hochschullehrern und anderen Akademikern als eBook und gedrucktes Buch. Die Verlagswebsite www.grin.com ist die ideale Plattform zur Veröffentlichung von Hausarbeiten, Abschlussarbeiten, wissenschaftlichen Aufsätzen, Dissertationen und Fachbüchern.

Besuchen Sie uns im Internet:

http://www.grin.com/

http://www.facebook.com/grincom

http://www.twitter.com/grin_com

Technische Universität Dresden, Philosophische Fakultät

Institut Politikwissenschaft

Lehrstuhl für Politische Theorie und Ideengeschichte

Proseminar: Einführung in die Politische Theorie

Wintersemester 2009/2010

Hausarbeit- Thema:

„Tyrannei der Mehrheit": Tocqueville und Rousseau im Streit

Name: Sebastian Ketting

Studiengang: BA LA ABS Geschichte/ GRW

Semester: 3. Fachsemester

Abgabedatum: 15.03.2010

Gliederung:

1. Einführung in das Thema

Alexis de Tocqueville, geboren 1805, gestorben 1859, war Jurist im französischen Staatsdienst und wurde anlässlich dieses Amtes 1831 beauftragt, das Gefängniswesen der USA zu studieren und davon Bericht zu erstatten. Das Interesse dieses Mannes ging jedoch über das bloße Betrachten dieses einen Teilbereiches des politischen Systems der USA hinaus, sodass er sich schon bald mit dem gesamten staatlichen Konstrukt derer begann zu beschäftigen. Resultat dieser, über seinen eigentlichen Auftrag hinausgehenden, Studien wurde Tocquevilles Hauptwerk „De la démocratie en Amérique", welches in zwei Bänden 1835, bzw. 1840 erschien. In dieser Abhandlung schreibt Tocqueville über seine Vorstellungen einer idealen Gesellschaft, inwiefern diese Auffassungen im System der USA in dieser Zeit weltweit am weitest reichenden ausgeprägt seien und in welchen Hinsichten noch Bedarf der Verbesserung dessen bestehe. Tocqueville erkennt jedoch bald durch Forschungen und Gespräche mit der Bevölkerung, dass diese guten Ansätze durch noch vorhandene Schwächen der Ordnung beeinträchtig waren. Er bemerkt hierbei nach einiger Zeit, dass die Mehrheit Entscheidungen ohne Rücksichtnahme auf die Minderheit treffen kann und dies nur eine fragwürdig *wirklich* freie politische Kultur zur Folge habe, in der sich die Mehrheit gesellschaftlich und politisch einflussreicher Personen egoistisch der vorherrschenden Meinung beuge.

Er beschreibt die Erscheinungsformen dieser „Tyrannei der Mehrheit" und versucht Lösungsansätze zu finden, wie diese absolute Macht der Mehrheit durch politische und gesellschaftliche Institutionalisierung einzudämmen sei. Mehr als 70 Jahre nach dem „Gesellschaftsvertrag" seines Landsmannes Rousseau, von 1712-1778 lebend, kritisiert Tocqueville implizit die darin enthaltene Forderung Rousseaus nach einer direkten und sehr mächtigen Demokratie, indem er die Gefahren eben dieser am Beispiel der USA verdeutlicht.

Im Folgenden wird das Demokratieverständnis Tocquevilles in seinen Grundzügen dargestellt, indem eine Generalisierung der Charakteristika vorgenommen wird, die er in der US-amerikanischen Verfassung als einer guten Ordnung dienlich ansieht. Weiterhin wird darauf eingegangen, durch welche Argumente das Konzept dieser Demokratie mit einer ernormen Machtfülle nach Rousseaus Vorstellungen von ihm kritisiert wird. Im Gegensatz dazu ist nachfolgend darzustellen, unter welchen Bedingungen und Argumenten Rousseau sein durch Tocqueville kritisiertes Verständnis von Demokratie begründet.

Basis für diese Untersuchung ist Tocquevilles Hauptwerk „Über die Demokratie in Amerika", Rousseaus „Vom Gesellschaftsvertrag", sowie zahlreiche, diese beiden Autoren betreffende,

Sekundärliteratur, in der die Themen Freiheit, Demokratie und Tyrannei im Mittelpunkt stehen.

2. Direkte Demokratie oder Tyrannei? Rousseau und Tocqueville im Vergleich

2.1. Grundsätzliches Demokratieverständnis Tocquevilles

Die zentrale Erscheinung der damaligen Gesellschaft ist für Tocqueville zweifelsfrei die „Gleichheit der Bedingungen als die wirkende Ursache, aus der jede einzelne Tatsache hervorgeht" (Tocqueville 1835a, S. 9), welche sich, nicht von jedem bemerkt, in allen Gesellschaftsbereichen durchsetze. Diese göttlich legitimierte Entwicklung sei eine Revolution, die den Interessen der Gesetzgeber widerstrebe, die scheinbar milde Kompromisse, jedoch insgeheim aus Furcht, zugestehen müssen (Vgl. Tocqueville 1835a, S. 10-18). Am Ende dieser Entwicklung sieht Tocqueville im Idealfall eine Gesellschaft, die das Gesetz nicht aus ideellen oder gottgegebenen Gründen liebt, sondern aus der durch Vernunft erkannten, unbedingten Notwendigkeit heraus. Diese freie Vereinigung der Bürger schütze vor Tyrannei und sorge für erhöhten Reichtum und Glück der gesamten Gesellschaft, statt weniger Würdenträger. Von dieser idealen Gesellschaft wäre man jedoch augenblicklich unter anderem weit entfernt, weil die eigentliche Wertbegründung der zunehmenden Gleichheit, die Religion, oft von den adeligen Gegnern der Gleichheit als Legitimierungsbasis missbraucht werde (Vgl. Tocqueville 1835b, S. 59-63) und die negative Kehrseite dieser Entwicklung ein mehr und mehr zurückgedrängter Individualismus sei (Vgl. Boudon 2005, S. 467).

Gleichheit bedeute zudem, dass auch die Machtbündelung auf wenige Autoritäten ein Ende hätte und folglich, dass jeder gleichermaßen schwach ist. Die positive Wirkung sei, dass jeder einzelne in der Gesellschaft, durch diese Schwäche und daraus resultierender Angst sowie Unsicherheit, auf den Frieden der Vereinigung angewiesen ist (Vgl. Tocqueville 1835a, S. 19).

Neben der Gleichheit, welche sich ohnehin durch geschichtliche Prozesse mehr und mehr in der Gesellschaft niederschlage, ist die Freiheit für Tocqueville der zentrale, nur in einer politischen Gemeinschaft herzustellende und zu erhaltende, Wert. Diese Freiheit sei jedoch nicht durch ein völlig restriktives Staatsverständnis, sondern durch gleichmäßige Beschränkung individueller und staatlicher Eigenkompetenzen zu realisieren. In einem solchen Staat müssten Verwaltung und Politik dezentralisiert werden, sowie eine Erziehung der Bürger zur Mündigkeit stattfinden (Vgl. Achtnich 1987, S. 90-97).

Nicht zuletzt aufgrund seiner Nordamerika-Reise ist Tocqueville ein Anhänger einer Verfassung mit demokratischen Grundzügen, deren Vorteile, seiner Ansicht nach, erst über einen längeren Zeitraum hinweg sichtbar werden. Auch wenn demokratische Gesetze in ihrer Umsetzung, am Beispiel der USA, teilweise Mängel aufweisen, seien sie allein wegen der allgemeinen Zielsetzung des Wohls vieler Bürger aristokratischen Ordnungen gegenüber vorzuziehen. Trotz der öfter weniger gebildeten und fähigen, jedoch tugendhaften und begabten Beamten, im Vergleich zu aristokratisch geführten Staaten, sei eine demokratische Regierung dennoch vorteilhafter, denn Fehler und Abweichungen von guten Zielen durch den Regierungs- und Beamtenapparat, die nicht selten auftreten, werden durch das Volk kontrolliert. Diese Form sei einer weitaus kompetenteren Regierung mit Zielsetzungen, die nicht dem mehrheitlichen Willen des Volkes entsprechen, stets vorzuziehen. Ursprung dieser Intervention bei Missständen sei in einer Demokratie Vaterlandsliebe, die stark an den Glauben an gute und vernünftige Gesetze gekoppelt sei. (Vgl. Tocqueville 1835a, S. 345-351) „No great people is without an idea of rights" (Tocqueville 1835c, S. 237). Synonym verwendet Tocqueville für den Begriff der Tugend den des Rechts, welcher elementare Bedeutung für den Zusammenhalt eines Volkes besäße, wie in den USA, wo damals uneingeschränkt jeder Bürger, im Gegensatz zu Europa, die gleichen Rechte besitzt. Da jegliche, speziell die religiösen, Werte verschwänden, seien die staatlichen Rechte die entscheidende rettende Institution, die vor Verfall retten (Vgl. Tocqueville 1835a, S. 355ff.). Jedoch sind lang bestehende Werte und Gesetze, gerade nicht zwingend rechtlicher Art, in Tocquevilles idealem Verständnis einer Gesellschaft von großer Bedeutung. Neben seinem sowieso vorhandenen religiösen Hintergrund brachten ihn auch seine Beobachtungen in den USA zu der These: „belief is necessary for the maintenance of republican institutions" (Tocqueville zitiert nach: Siedentop 1994, S. 64). Das jedoch, wie erläutert, notwendige Festhalten an den Werten der Rechtsgelehrten und dessen Einfluss auf die Gesellschaft kann man auch als „Aristokratisierung der Demokratie" (Achtnich 1987, S. 146) bezeichnen.

Wie bereits erwähnt, misst Tocqueville der edlen Zielsetzung eine höhere Bedeutung zu als dem sofortigen Erfolg der eventuell egoistischen Ziele der Herrscher. Deshalb sei teilweise auch unbewusst ein „Personal interest of everybody in increasing the law`s strength" (Tocqueville 1835c, S. 240) in der Gesellschaft omnipräsent. Das bedeute, dass jeder Bürger einer demokratischen Gesellschaft stets den Wunsch habe, dass die beschlossenen Gesetze eine hohe Autorität besitzen, weil diese auf lange Sicht immer die gemeinsamen Interessen verfolgen werden.

Die Tatsache, dass schlichtweg die politische Ordnung der Demokratie herrsche, schaffe eine allgemein höhere Geschäftigkeit im politischen, aber auch wirtschaftlichen Bereich, wie am Beispiel der USA zu sehen sei. Ursache hierfür sei speziell, die durch Demokratie größere, Eigenverantwortlichkeit für die Verbesserung der öffentlichen Aufgaben und Einrichtungen, welche im Folgenden auch den persönlichen Wunsch nach größerem Wohlstand auslöse (Vgl. Tocqueville 1835a, S. 362-365).

Zusammenfassend kann man sagen, dass einige demokratische Elemente der Verfassung der USA Tocquevilles Verständnis, wie ein politisches System am idealsten funktioniere, stark beeinflusst haben. Allerdings ist sich Tocqueville auch bewusst, dass für die Umsetzung dieser Prinzipien diese in den USA vorhandenen *mœurs*, womit Tocqueville unter anderem das eigenständige, freiheitliche Denken meint, unbedingte Grundvoraussetzung sind, ohne die ein solches System keine sichere Basis besitzt. Die positive Bewertung einiger Elemente dieses Systems soll also keine direkte Handlungsanweisung für beispielsweise europäische Staaten darstellen, da dort die notwendigen Ideale, anders als in den USA, innerhalb der Gesellschaft noch nicht vorhanden seien. (Vgl. Hereth 2005, S. 380f.)

2.2. Tyrannei der Mehrheit: Tocquevilles implizite Kritik an Rousseau

Die Liste der positiven Aspekte, die Tocqueville aus dem politischen System der USA, einem System mit sehr ausgeprägter Volkssouveränität, für sein Politikverständnis zieht, ist lang. Jedoch sieht er in gewissen Bestimmungen dieser Verfassung ein *zweischneidiges Schwert*. Das heißt, dass die positiv zu bewertende Bürgerbeteiligung beim Treffen politischer Entscheidungen auch negative Konsequenzen beinhaltet. Kennt man den Kern Rousseaus Aussagen, welcher seine Schriften *vor* Tocquevilles Lebzeiten verfasste, dann ist Tocquevilles Werk auch als ein Verbesserungsvorschlag, wenn nicht sogar als eine implizite Kritik an Rousseaus unmittelbarem Demokratieverständnis zu betrachten, in welchem der Staat über eine überaus große Machtfülle verfügt. Tocquevilles zentraler Begriff ist hierbei die „Tyrannei der Mehrheit" (Tocqueville 1835a, S. 375), die ihren Ursprung in der „Allmacht der Mehrheit" (Tocqueville 1835a, S. 369) habe. Diese rühre aus bereits erwähnten Ursachen, wie dem Vertrauen auf die Verfolgung guter Ziele und dem allgemeinen Gleichheits-Selbstverständnis, aber auch den geringen Gegensätzen innerhalb der Gesellschaft her.

Die möglichen Fehler, die trotz guter Ziele geschehen können, potenzieren ihr drastisches Ausmaß, je stärker die Regierung sei. Durch die Stärke der ständig wechselnden Regierungen fänden in keinem Land öfter Gesetzesänderungen statt als in den USA zu jener Zeit. Dies beinhaltet eine Kritik an Rousseau, da dort, wie Rousseau es fordert, stets, verhältnismäßig sehr *direkt* (Vgl. Rousseau 1762a, S. 29f.), der gegenwärtige Wille des Volkes durchgesetzt wird, auch, wenn dies nicht in *dem* direkten Maß geschieht, wie dieser es noch mit einer „freien Abstimmung des Volkes" (Rousseau 1762a, S. 69) postulierte. Der Schluss daraus ist, dass so keine bestehende Sicherheit der Dauerhaftigkeit der Gesetze existiere. Durch diese Unbeständigkeit der Gesetzgebung sei auch die ausführende Gewalt in ihrem Handeln dadurch beeinträchtigt, dass man von den ständig wechselnden Meinungen innerhalb der gesetzgebenden Versammlung abhängig sei (Vgl. Tocqueville 1835a, S. 370-373).

Zudem ist die Regierung Resultat gleicher Wahlen. Darum erhält sie, und desgleichen ihre Entscheidungen, eine vom Volk gar nicht zu hoch einzuschätzende Autorität. Deshalb sind konträre politische Positionen gegenüber der vertretenen Meinung der Regierung, aber auch der zivilen politischen Öffentlichkeit, nur überaus schwerlich zu verbreiten und durchzusetzen. „[…] solange die Mehrheit ungewiß (sic) ist, redet man; hat sie aber unwiderruflich gesprochen, verstummt jeder, und Freund und Feind scheinen sich nun einmütig vor ihren Wagen zu spannen." (Tocqueville 1835a, S. 381) Wenn Rousseau ein „öffentliches Interesse" (Rousseau 1762a, S. 64) des aktiven Bürger beschreibt, dann wird der Druck der gesellschaftlichen und politischen Öffentlichkeit vollkommen vernachlässigt, unter dem die ein oder andere Ansicht weichen muss. Auch deprimierende psychische Folgen, die ein solches Selbstverständnis von der absoluten Gültigkeit getroffener Entscheidungen gesamtgesellschaftlich auslöst, seien, laut Tocqueville, zu beachten. Im Gegensatz zu früheren Despotien würde in einem solchen absoluten Herrschaftsverständnis direkt die Seele angegriffen, da Andersdenkende, mit der Begründung des Stellens gegen den *guten* Gemeinwillen systematisch aus Politik und Gesellschaft ausgeschlossen würden, was auch zum Verlust der öffentlichen Reputation dieser führe. Dadurch entständen Bürger, die sich immerzu auf die Seite der Macht stellen, um in manchen Fällen den jeweils größten persönlichen Nutzen daraus zu ziehen, aber auch in vielen Situationen, um den unumgänglichen Konsequenzen zu entgehen, die viele Bürger unter Umständen erwarten müssten, wenn sie offen und ehrlich ihre eigentliche Position kund tun (Vgl. Tocqueville 1835, S. 383-386). Kalberg interpretiert Tocqueville hier so: „Wer Positionen vertritt, die von denen der Mehrheit abweichen, muß (sic) bald erkennen, daß (sic) ihm eine politische Laufbahn verschlossen ist und daß (sic) er zudem auch häufig gesellschaftlich geächtet wird." (Kalberg 2000, S. 68). Folge dessen sei ein vermehrter Rückzug aus dem politischen Raum zurück in die Sicherheit des privaten Bereichs, beispielsweise der Familie (Vgl. Achtnich 1987, S. 118f.).

Tocqueville gibt, trotz seiner Kritik an diesem hohen Maß an Volkssouveränität, deutlich zu verstehen, dass er keinesfalls grundsätzlich gegen einen großen Einfluss des Volkes auf politische Entscheidungen sei, sondern gegen die unzureichend eingesetzten Maßnahmen und Bestimmungen, die für die Mäßigung *jeder* möglichen Allmacht sorgen müssen. „Setzt man der blanken Mehrheitsherrschaft keine Grenzen, so vermag ihr Konformismus durchgreifender zu wirken als etwa der alte absolutistische Despotismus." (Hornung 1994, S. 351) Die für Tocqueville in hohem Maße bedeutende Gerechtigkeit sei durch nur unzureichende Gesetze oder Gerichtsbarkeit nicht garantierbar, da stets die *aktuelle* Mehrheit Inhaber der absoluten Entscheidungsgewalt über diese sei. Trotz dessen, dass momentan noch nicht von einer Tyrannei in diesem bestehenden System, welches ja in einigen Punkten Rousseaus Grundansichten entspricht, zu sprechen ist, sei die bloße *Möglichkeit* dessen stark kritikwürdig (Vgl. Tocqueville 1835a, S. 375-379). Tocqueville bringt somit Rousseaus absolute These, der aus der Sache der Natur hervorgehende Gemeinwille sei allein schon durch dessen gute Absicht legitimiert, ins Wanken. Die Eventualität, dass sich eine Mehrheit aus normativen Gründen, gesellschaftlichen Strömungen oder Leidenschaften beeinflussen lassen könnte, somit absolut fatale Verfehlungen des Souveräns möglich sind, wird hier von Rousseau vollkommen außer Acht gelassen. In Konsequenz dessen seien auch Zwangsmaßnahmen gegenüber dem Sonderwillen Abtrünniger in jedem Fall gerechtfertigt (Vgl. Rousseau 1762a, S. 32ff.).

Eine weitere grundsätzliche Säule des Demokratieverständnisses Rousseaus, die mit Tocquevilles Ansichten stark im Dissens steht, ist Zentralität und Monismus der politischen Macht des Souveräns: „[…] sie machen aus dem Souverän ein Phantasiewesen, aus denen der eine Augen, der andre Arme, ein dritter Füße hätte und sonst nichts." (Rousseau 1762b, S. 29). Die Exekutive ist infolge dessen unmittelbares Instrument dessen, also in keinster Weise unabhängig von den Entscheidungen der Legislative.

Im Konzept Tocquevilles ist diese Maßnahme hingegen eine weitere, Mehrheitstyrannei ermöglichende, Einrichtung staatlicher Ordnung. Auch die Verwaltung sei dezentral einzurichten, da den verschiedenen lokalen Institutionen in der Umsetzung eventuell despotischer Gesetze doch ein gewisser Spielraum in der letztendlichen konkreten Umsetzung bliebe (Vgl. Tocqueville 1835a, S. 392f.). „Gegenmittel wie Dezentralisation und Repräsentativsystem" (Vossler 1973, S. 77) seien wichtige Elemente zur institutionellen Verringerung des Missbrauchsrisikos. Dezentralisation der Verwaltung bewirke, dass die

Gemeinden und die einzelnen Bürger eigenverantwortlich für ihre jeweiligen kommunalen Angelegenheiten sind und deshalb in Eigenaktivität die situativ beste Entscheidung treffen (Vgl. Hereth 1979, S. 41). Durch die Forderung nach einem Repräsentativsystem, wie es auch die Federalists taten, lehnt er gleichsam Rousseaus relativ direkte Demokratie ab, da er, sicher auch speziell durch die USA, erkannte, dass die Staaten der modernen Welt zu weit reichend für eine derartige Form der Versammlung zur Mehrheitsfindung sind.

Fundamental hat Tocqueville zudem ein grundsätzlich anderes Verständnis von Konflikten, die innerhalb einer Gesellschaft stattfinden. Rousseau fordert, dass jeder einzelne Bürger allein seinen persönlichen Standpunkt, den „Sonderwillen" (Rousseau 1762b, S. 31), formuliert und diesen in den Entscheidungsfindungsprozess einfließen lässt. Da prinzipiell keine enormen Ungleichheiten herrschen und alle das Ziel des Gemeinwohls verfolgen würden, weiche das Ergebnis in moderaten Differenzen von den zahlreichen Sonderwillen ab (Vgl. Rousseau 1762b, S, 31). Im Gegensatz dazu reduziert Tocqueville die Positionen am Ende der Entscheidungsfindung im Kern auf lediglich zwei Akteure: „Was ist denn die Mehrheit im gesamten (sic) genommen anderes als ein einzelner (sic), dessen Meinungen und in den meisten Fällen dessen Vorteile einem anderen einzelnen (sic) entgegenstehen, den man die Minderheit nennt? Wenn nun ein Mann, der über Allmacht verfügt sie zugegebenermaßen wider seine Feinde mißbrauchen (sic) kann, warum soll das gleiche (sic) nicht für eine Mehrheit gelten können?" (Tocqueville 1835a, S. 376) Er sieht in dieser Konsequenz am Ende eines Konflikts, speziell im Fall von Missbrauch oder offensichtlicher Ungerechtigkeit, nicht viele im gleichen Maße moderate Zugeständnisse Machende, sondern eine siegende Mehrheit, und zwar einen seine Forderungen absolut durchsetzenden Kontrahenten und eine Gruppe von Beteiligten, deren Bedürfnisse im Entscheidungsprozess für die Mehrheit keine Rolle spielen mussten und nicht Teil der letztendlichen Entscheidung sind.

Tocqueville denkt in dieser *Sieger-Verlierer-Kategorie*, da er nicht wie Rousseau den Gemeinwillen sieht, den alle verfolgen, weil anfänglich keine extrem signifikanten Unterschiede vorhanden seien. Tocqueville könnte an Rousseau kritisieren, dass Gesellschaften stetig pluralistischer in ihren Interessen, Leidenschaften und Lebensweisen werden und nicht jeder Bürger innerhalb einer Gesellschaft dasselbe Endziel anstrebt, und auch keine ungefähre Gleichheit herrschen *soll*, die auf Kosten der Freiheit garantiert werden würde: „Tocqueville sieht die Gefahr, daß (sic) die Bürger im demokratischen Zeitalter die Gleichheit und das materielle Wohlergehen mehr lieben als die Freiheit, daß (sic) sie die Gleichheit in der Knechtschaft der Ungleichheit in der Freiheit vorziehen." (Dittgen 1986, S. 48).

2.3. Bedingungen und Argumente für Rousseaus Demokratieverständnis

Wie allgemein bekannt ist, sind politische Theorien stets vor dem Hintergrund kultureller und historischer Kontexte zu betrachten. Nachdem Rousseau 1762 sein Hauptwerk, den Gesellschaftsvertrag, geschrieben hatte, fanden nahezu unbemerkte, aber auch offensichtliche Entwicklungen, wie die französische Revolution und die Gründung der USA statt. Seine Schriften sind unter den von Rousseau gesetzten Vorraussetzungen, vor dem historischen allgemeinen, als auch dem persönlichen Hintergrund, dass Rousseau in der eigenständigen Stadt Genf lebte, zu betrachten. Einige Punkte dessen, die Tocqueville viele Jahrzehnte später kritisch betrachtet, sind unter gewissen Annahmen jedoch nicht, zumindest aber nicht in *dem* Maße kritisierbar, wie es Tocqueville tut.

Basis für Rousseaus Konzept eines funktionierenden Staates ist dessen Kleinräumigkeit, wodurch verschiedene Annahmen realisierbar scheinen, welche Tocqueville versuchte zu falsifizieren. Beispielsweise sei ein solch territorial kleinerer Staat durchaus zentral steuerbar und zu befrieden. Zudem sei die Verwaltung größerer Staaten exorbitant kostenintensiver und die Gesetze nicht in dem Maße bürger- und realitätsnah. Was Tocqueville als ständig wechselnde Gesetze beschreibt, die keine Konstanz und Sicherheit in den Rechten schaffen, legitimiert Rousseau damit, dass sich eine Gesellschaft schneller und individueller an spontane Veränderungen innerhalb derer oder der Umwelt anpassen kann. (Vgl. Rousseau 1762a, S. 76ff.)

Das Selbstverständnis der Legitimierung politischer Entscheidungen, da alle Bürger den Gemeinwillen, den „volonté générale" (Rousseau 1762 zitiert nach: Forschner 1977, S. 128), anstreben, ist sicherlich einerseits, wie erwähnt, unter gewissen Gesichtspunkten zu kritisieren, andererseits ist es natürlich auch möglich, diesen Sachverhalt unter dem positiveren Menschenbild Rousseaus zu betrachten. Der Mensch sei von Grund auf gut. Negative Eigenschaften seien ihm von außen aufgezwungen. Deshalb leiten den Menschen von Natur aus zunächst einmal nicht Interessen und Leidenschaften, sondern die immanente Kenntnis des Guten (Vgl. Sturma 2001, S. 103ff.). Auch aufgrund der Entstehung des Staates Rousseaus durch den „Gesellschaftsvertrag" und der daraus ermöglichten Flucht aus dem Naturzustand resultiert ein Bürger mit patriotischer Gesinnung und republikanischer Tugend (Vgl. Herb 2000, S. 168). Ein Rückzug ins Privatleben ist bei Rousseau durch diese Tugendhaftigkeit und den daraus hervorgehenden allgegenwärtigen Willen zur Formulierung des für gut Wahrgenommenen ausgeschlossen (Vgl. Forschner 1977, S. 149f.).

Die Tatsache, dass keine Repräsentation in dem Sinne existieren solle, wie Tocqueville es fordert, lässt den Gedanken an einen möglichen Beamtendespotismus im Keim ersticken. Despotismus der Mehrheit oder ähnliche Formulierungen dieser Möglichkeit sind in Rousseaus Ausführungen sicherlich auch deshalb nicht zu finden, weil die von ihm geforderte Versammlung, nach dem Vorbild der Polis, gerecht und fair ablaufen solle. Ursprung dessen, dass eine solche Möglichkeit der *Tyrannei der Mehrheit* in keinster Weise erwähnt wird, ist sicherlich wiederum das positivere, tugendhaftere Menschenbild Rousseaus, welche faire Diskussions- und Umgangsformen zur Folge hat.

Wenn tatsächlich eine solche Gesellschaft existieren würde, wären die moralischen und ökonomischen Unterschiede natürlich geringer und die Zielsetzungen des Einzelnen eher mit denen des Durchschnitts der Gesellschaft annähernder übereinstimmend (Vgl. Rousseau 1762b, S, 31). Aufgrund dieser marginalen Differenzen der Lebensweisen der Bürger lagern die auszutragenden Konflikte nicht auf der Interessen-, sondern eher auf der Lösungs- und Methodenfindung (Vgl. O`Hagan 1999, S. 133).

Primär sei mit der moralischen Bildung der Gesetzgeber beauftragt, der das Gemeinwohl a priori sozusagen bereits erkennt und „die Beschaffenheit des Menschen neu gestalten" (Rousseau 1762a, S. 67) soll. Die Konsequenz dieser Gesellschaft aufgeklärter Bürger ist, dass Tocquevilles Kritik, die Mehrheit sei zu leicht in fataler Art und Weise beeinflussbar, entkräftet wird, weil der informierte und tugendhafte Gesetzgeber durch Erziehung verhindert, dass es zu solch starken Strömungen kommt, welche dem Gemeinwohl schaden würden.

Folge dieser doch ähnlichen Gemeinwohldefinition, welche sich letztendlich im *volonté générale* formuliert, ist auch, dass keine Mehrheit existiert, die ihre Forderungen ohne Rücksicht auf die unterlegene Minderheit durchsetzen wird. Stattdessen entständen lediglich geringe Differenzen zwischen dem volonte générale und den einzelnen Sonderwillen (Rousseau 1762a, S. 49f.). Aus einer nicht existierenden unterdrückenden Mehrheit resultiert, dass die Möglichkeit der *Tyrannei der Mehrheit* ausgeschlossen wird.

3. Schlussbetrachtung:

Nach dieser vergleichenden Betrachtung lässt sich sagen, dass Tocqueville sich problemorientiert mit der Verbesserung damals gegenwärtiger Gesellschaften beschäftigte, deren praktische Umsetzung realistisch war. Noch heute enthalten die demokratischsten und fortschrittlichsten Staaten viele seiner geforderten Elemente. Herb und Hidalgo ordnen

Tocquevilles Gedanken folgendermaßen ein: „Die wissenschaftliche Reflexion soll vor allem die Maximen des Handelns herstellen, mit deren Hilfe die angestrebte Balance zwischen Freiheit und Gleichheit zu erreichen ist." (Herb/ Hidalgo 2005, S. 37). In vielen heutigen Staaten herrscht ein Repräsentationssystem und das Prinzip der Subsidiarität der Verwaltungsbefugnisse wird durch die Einrichtungen von Bundesstaaten, Kommunen und Ähnlichem weitestgehend praktiziert. Zudem existieren zahlreiche Mittel zur Verhinderung einer zu großen Machtfülle des politischen Entscheidungsapparates, wie z. B. unumstößliche Grundrechte, Zweikammerparlamente und ein öffentlicher, freier Prozess der Meinungsbildung. Insofern war Tocquevilles Kritik an Rousseaus Ideen nachweislich angebracht, denn diese Maßnahmen sichern heutzutage weitestgehend den inneren und äußeren Frieden.

Allerdings ist Rousseau meiner Ansicht nach nicht als Erklärungsversuch zu verstehen, auch, weil er sich selbst bewusst ist, dass eine solche identitäre Demokratie nie existieren wird. Ihm ist klar, dass keine ständige Versammlung in der Praxis realisierbar ist; nicht, wenn derartig großräumige Staaten existieren wie schon zu seiner Zeit. Daher erwähnt er deutlich, dass für das Funktionieren einer solchen Staatsform schwierig herzustellende Vorraussetzungen, also Kleinräumigkeit, Einfachheit der Sitten, nahezu soziale und ökonomische Gleichheit, sowie die Abwesenheit von Luxus erforderlich sind (Vgl. Rousseau 1762a, S. 100ff). Deshalb ist dieses Gedankengut Rousseaus weniger als ein Vorschlag der Verbesserung aktueller Staaten zu verstehen, sondern vielmehr als ein Ordnungsentwurf für vorhandene oder neue, kleinere Staatsgebilde.

Die unterschiedlichen Resultate, gegenseitige implizite Kritikpunkte und Rechtfertigungen sind also nicht ausschließlich Folge eines unterschiedlichen Menschenbildes, sondern auch unterschiedlicher Zielsetzungen, Intentionen und vor allem Bedingungen. Während Rousseaus *Contrat social* ursprünglich keine Vision, „keine Utopie, sondern vielmehr eine empirische Beschreibung des politischen Zustandes der Stadt Genf" (Heyer/ Saage 2005, S. 394) sei, ist Tocquevilles Werk unter einer anderen Absicht entstanden. Letztendlich analysierte er ein teilweise wünschenswertes politisches System, welches er versuchte, durch die zahlreichen gewonnenen Erkenntnisse zu optimieren.

Gemeinsam haben beide Autoren letztendlich, dass gewisse Ansätze ihrer Theorien Denkanstöße für die Verbesserung von politischen Systemen gaben und geben werden.

3. Literaturverzeichnis:

Achtnich, Susanne, 1987: Alexis de Tocqueville in Amerika. Die konservativen und liberalen Elemente in seiner politischen Theorie. Möglichkeiten einer Synthese am Beispiel der „Demokratie in Amerika". Frankfurt am Main.

Dittgen, Herbert, 1986: Politik zwischen Freiheit und Despotismus. Alexis de Tocqueville und Karl Marx. Freiburg/ München.

Forschner, Maximilian, 1977: Rousseau. Freiburg/ München.

Herb, Karlfriedrich, 2000: Verweigerte Moderne. Das Problem der Repräsentation, in: Brandt, Reinhard/ Herb, Karlfriedrich (Hrsg.), 2000: Jean-Jacques Rousseau. Vom Gesellschaftsvertrag oder Prinzipien des Staatsrechts. Berlin, S. 167-188.

Herb, Karlfriedrich/ Hidalgo Oliver, 2005: Alexis de Tocqueville. Frankfurt am Main.

Hereth, Michael, 1979: Alexis de Tocqueville. Die Gefährdung der Freiheit in der Demokratie. Stuttgart/ Berlin/ Köln/ Mainz.

O`Hagan, Timothy, 1999: Rousseau. London.

Rousseau, Jean-J., 1762a: Vom Gesellschaftsvertrag oder Prinzipien des Staatsrechts. Hrsg. von Bossier, Ulrich, 2008, Wiesbaden.

Rousseau, Jean-J., 1762b: Vom Gesellschaftsvertrag oder Grundsätze des Staatsrechts. Hrsg. von Brockard, Hans, 1991, Stuttgart.

Siedentop, Larry, 1994: Tocqueville. Oxford/ New York.

Sturma, Dieter, 2001: Jean-Jacques Rousseau. München.

Tocqueville, Alexis C. de, 1835a: Über die Demokratie in Amerika. Erster Teil. Hrsg. von Zbinden, Hans, 1987, Zürich.

Tocqueville, Alexis C. de, 1835b: Die Demokratie in Amerika. Eine Auswahl. Hrsg. von Heydte, Friedrich August, 1955, Regensburg.

Tocqueville, Alexis C. de, 1835c: Democracy in America. Hrsg. Von Mayer, J. P., 1969, New York.

Vossler, Otto, 1973: Alexis de Tocqueville. Freiheit und Gleichheit. Frankfurt am Main.

Zeitschriftenaufsätze:

Boudon, Raymond, 2005 : Tocquevilles Plädoyer für eine neue politische Wissenschaft, in: Berliner Journal für Soziologie, Band 15, Nummer 4, Dezember 2005, S. 359-372.

Hereth, Michael, 2005: Alexis de Tocqueville. Die „Sitten" und die Exportfähigkeit der Demokratie, in: Politische Vierteljahresschrift. Zeitschrift der Deutschen Vereinigung für Politische Wissenschaft, Heft 3, 2005, S. 377-388.

Heyer, Andreas/ Saage, Richard, 2005: Rousseaus Stellung zum utopischen Diskurs der Neuzeit, in: Politische Vierteljahresschrift. Zeitschrift der Deutschen Vereinigung für Politische Wissenschaft, Heft 3, 2005, S. 389-405.

Hornung, Klaus, 1994: Welche Art von Despotismus die demokratischen Nationen zu fürchten haben. Alexis de Tocqueville über die Vorraussetzungen der freiheitlichen Demokratie, in: Zeitschrift für Politik, Band XLI, 1994, S. 347-358.

Kalberg, Stephen, 2000: Tocqueville und Weber. Zu den soziologischen Ursprüngen der Staatsbürgerschaft- die politische Kultur der amerikanischen Demokratie, in: Soziale Welt. Zeitschrift für sozialwissenschaftliche Forschung und Praxis, Jahrgang 51, 2000, S. 67-85.